APOLLON
(PHÉBUS)
ATHÉNA
(MINERVE)
HÉRA
(JUNON)
DIONYSOS
(BACCHUS)
HERMÈS
(MERCURE)
HESTIA
(VESTA)
ARTÉMIS
(DIANE)

Pour Romain.

Nicolas Duffaut

Conception graphique : Virginia Arraga

Portrait de Luc Ferry par Gabrielle Ferry

Couvent Sainte-Cécile • 37 rue Servan • 38000 GRENOBLE.
www.glenat.com

Loi 49956 du 16 juillet 1949 sur les publications destinées à la jeunesse.

Dépôt légal : février 2020
ISBN : 978-2-344-04106-2 / 001
Achevé d'imprimer en Espagne en janvier 2020 par Graficas Estella,
sur papier provenant de forêts gérées de manière durable.

LUC FERRY

LA SAGESSE DES MYTHES

ICARE

ou l'Éloge de l'humilité

ILLUSTRÉ PAR NICOLAS DUFFAUT

Glénat jeunesse

Introduction

L'ÉLOGE DE L'HUMILITÉ

IL EXISTE DANS LA MYTHOLOGIE GRECQUE toute une série de légendes très anciennes qui racontent les châtiments terribles auxquels s'exposent les humains quand ils pèchent par manque d'humilité, par orgueil, arrogance et démesure — un péché gravissime que les Grecs désignaient sous le nom d'*hubris* (à prononcer « ubrisse »). Les mythes les plus célèbres et les plus anciens sont sans doute ceux d'Icare, de Tantale et de Sisyphe. C'est donc par eux que je vais commencer, mais je te raconterai ensuite quelques autres histoires, peut-être moins fameuses, mais qui sont tout aussi intéressantes et qui montrent combien le manque d'humilité était considéré par les Grecs comme une faute impardonnable.

Épisode 1

LE MYTHE D'ICARE, FILS DE DÉDALE...

POUR BIEN COMPRENDRE CE FAMEUX MYTHE, il faut d'abord que je te dise quelques mots du père d'Icare. Il va jouer un rôle très important dans cette histoire. Il s'appelle Dédale, et il est l'inventeur du Labyrinthe où était enfermé le Minotaure, un monstre moitié homme, moitié taureau. Cette créature dévorait les jeunes gens que le roi de Crète, Minos, envoyait mourir dans ce jardin dont personne ne parvenait jamais à s'échapper. Dédale est un inventeur génial, d'une intelligence à nulle autre pareille, il est le « Léonard de Vinci » de la mythologie grecque : on peut lui demander de résoudre n'importe quelle énigme, il trouve toujours la solution. Si on lui demande d'inventer quelque machine nouvelle, il la fabrique aussitôt. Aucun problème, si difficile soit-il, ne lui résiste.

Mais c'est un mauvais homme, il a un sale caractère. Par exemple, il ne peut pas s'empêcher d'être jaloux des autres, c'est le roi des envieux. Il ne supporte pas que quelqu'un soit plus astucieux que lui, et comme dit le proverbe, « la corruption des meilleurs est la pire » : ça veut dire que plus un homme est doué, plus il a de talents et plus il peut faire du mal s'il utilise ses dons à mauvais escient.

Dédale occupe un très bel atelier dans la ville d'Athènes. Comme il a beaucoup de travail, il décide un beau jour de prendre comme apprenti son neveu, un certain Talos. Malheureusement pour lui, Talos est lui aussi très doué. Incroyablement talentueux, il menace même de surpasser son maître lorsqu'il invente tout seul, sans l'aide de Dédale, une machine qu'on appelle le « tour du potier » – un engin très utile avec lequel on fabrique toutes sortes de vases, des bols, des assiettes, des jarres, etc. Qui plus est, Talos invente aussi la scie métallique, qui permet de découper les métaux. Dédale devient si jaloux qu'un jour, dans un accès de haine, il tue son jeune neveu en le jetant du haut de l'Acropole, une des collines qui dominent la ville d'Athènes.

Des gens qui passaient par là voient le crime que Dédale est en train de commettre et ils le dénoncent aux autorités. Dédale est alors jugé par un tribunal qu'on appelle l'Aréopage, parce qu'il avait servi, dans d'autres circonstances que je te raconterai une autre fois, à juger le dieu de la guerre, Arès. Ce prestigieux tribunal reconnut Dédale coupable, et il fut condamné à l'exil.

> Cette condamnation pourra te sembler bien légère étant donné la nature du meurtre : être chassé de sa ville pour avoir commis un crime aussi abominable, avoir tué son propre neveu, cela peut nous paraître aujourd'hui un châtiment plutôt doux. Mais dans l'Antiquité, l'exil, c'est-à-dire l'obligation de quitter son pays, sa ville, sa maison, était considéré par beaucoup comme pire que la mort.

Dédale est donc chassé d'Athènes avec son fils, Icare. Il sait qu'il est désormais voué pour toujours aux regrets et aux remords, à la nostalgie de ce petit paradis perdu qu'était son atelier. Il part pour la Crète, où il entre au service du roi de Crète, Minos, lui aussi un mauvais homme, plein de haine, mais qui est bien content de recueillir Dédale. Pas par générosité ni par gentillesse, mais parce que Minos compte profiter des talents de Dédale en lui demandant d'inventer de nouvelles machines qui le rendront peut-être plus puissant et plus riche encore. Mais c'est oublier le mauvais caractère de Dédale.

Toujours aussi peu scrupuleux, celui-ci n'hésite pas à trahir son maître en aidant la fille de Minos, Ariane, qui était tombée amoureuse d'un héros appelé Thésée, à s'enfuir avec lui de la Crète contre l'avis de son père. En apprenant que Dédale a aidé sa fille à le quitter sans sa permission, Minos est littéralement fou furieux, prêt à tout pour se venger. Il donne à ses gardes l'ordre d'enfermer Dédale dans le Labyrinthe avec son fils, Icare, en jurant qu'il ne les laissera plus jamais sortir de cette terrible prison où ils mourront de faim et de soif.

C'est sans compter avec le génie de Dédale, auquel, comme je te l'ai dit, aucun problème ne résiste. Tu pourrais imaginer qu'étant l'auteur du Labyrinthe, Dédale saurait s'y retrouver assez facilement, mais il n'en est rien : le jardin est bien trop tortueux, bien trop plein de détours, même pour celui qui l'a inventé. Bien qu'il l'ait conçu,

Dédale n'a pas les plans sur lui, et il n'a pas plus qu'un autre la moindre idée de la façon de s'en échapper. Il lui faut donc trouver une de ces solutions géniales dont il a le secret. Et bien entendu, notre extraordinaire inventeur imagine un incroyable stratagème. Avec de la cire et des plumes d'oiseaux qui sont tombées sur le sol, il fabrique deux magnifiques paires d'ailes, une pour lui et une autre pour son fils Icare. Après quelques essais infructueux, le père et l'enfant réussissent à s'envoler dans les airs, échappant ainsi à leur prison.

Dédale, avant de prendre son envol, avait pris soin de sermonner son garçon : surtout, lui avait-il dit,

> *« Tu ne t'approcheras pas trop près du soleil, sinon la cire fondra et tes ailes se décolleront ; ne t'approche pas non plus trop près de la mer, car l'humidité alourdira les plumes collées dans la cire et tu risqueras à nouveau de tomber. »*

Icare acquiesce, affirme qu'il a bien compris. Malheureusement pour lui, une fois dans le ciel, il perd toute mesure. Grisé par ses nouveaux pouvoirs, il se croit supérieur aux lois de la nature, il perd toute humilité par rapport aux lois de la physique. Il se croit maître du monde, il se prend pour un oiseau, peut-être même pour un dieu. Il néglige toutes les recommandations de son père. Il ne peut résister au plaisir de s'élever dans les cieux aussi haut qu'il peut. Mais le soleil brille et, à force de s'en approcher, la cire qui maintient les ailes se met à fondre. Tout d'un coup, les ailes se détachent et tombent dans la mer. Icare aussi, et il s'y noie sous les yeux de Dédale qui ne peut rien faire d'autre que pleurer la mort de son enfant. Depuis lors, cette mer a pris le nom du disparu : on l'appelle la mer Icarienne.

Comme tu le vois, chez les Grecs, nul ne peut violer impunément les lois de la nature instaurées par les dieux, braver les principes fondamentaux qui règlent l'ordre du monde voulu par Zeus, pas même Dédale malgré tout son génie. Cela dit, contrairement à son fils, Dédale a bien fait attention de ne pas trop s'approcher ni de la mer, ni du soleil, de sorte qu'il a réussi à s'échapper du Labyrinthe. En découvrant son évasion, Minos explose à nouveau de rage. Trop c'est trop ! Bien décidé à se venger, Minos va tout faire pour retrouver celui qui l'a trahi, le complice de la fuite de sa fille Ariane avec Thésée.

De son côté, Dédale, qui a réussi à s'en tirer sain et sauf, s'est réfugié en Sicile. Minos est prêt à le traquer jusqu'aux confins du monde. Pour retrouver le traître, le vieux roi de Crète a mis au point une ruse de son invention : partout où il passe, il apporte un petit coquillage, une sorte d'escargot de mer dont la coquille possède la forme d'une spirale. Il propose alors une forte somme à quiconque se montrera capable de faire passer un fil à l'intérieur de ce qui n'est au fond qu'un mini-labyrinthe. Minos est convaincu que seul Dédale est assez intelligent pour trouver la solution, persuadé aussi que, vaniteux comme il est, l'inventeur ne résistera pas au plaisir de montrer qu'aucune énigme ne lui résiste.

Ce qui ne manque pas de se produire. Dédale a trouvé refuge en Sicile chez un certain Cocalos. Un jour que Minos passe par hasard chez ce Cocalos, il lui expose le petit problème à résoudre. Cocalos se fait fort de lui donner la solution. Il propose à Minos de revenir le lendemain et, dans l'intervalle, il demande bien entendu à son ami Dédale de trouver la réponse pour lui. Ce que Dédale fait, évidemment : il attrape une petite fourmi, lui attache un fil à la patte, et la fait entrer dans le coquillage après avoir percé un petit trou dans sa partie supérieure. La fourmi ressort bientôt par le trou, tirant le fil avec elle.

En voyant Cocalos lui apporter la solution, Minos n'a aucun doute : Dédale doit être quelque part dans sa maison. Il demande aussitôt qu'on le lui livre pour le châtier comme il convient. Cocalos fait semblant d'obtempérer et il invite Minos à dîner le soir même. Avant le repas, il lui propose un bon bain… et il en profite pour le faire ébouillanter par ses filles. Mort atroce, pour un personnage peu aimable.

> La légende veut que Minos soit devenu par la suite, aux côtés de son frère Rhadamanthe, l'un des juges des morts dans le royaume d'Hadès.

Malgré son mauvais caractère, ses trahisons et son crime, Dédale continua de se montrer assez intelligent pour se tirer d'affaire. Mais il ne se remit jamais de la tristesse d'avoir perdu son fils, le malheureux Icare qui avait péché par manque d'humilité.

Comme tu vas voir, c'est ce même défaut qui va valoir à un autre personnage légendaire, Tantale, une punition tout aussi terrible…

Episode 2
TANTALE

SELON LA VERSION LA PLUS COMMUNE, Tantale était l'un des fils du roi des dieux de l'Olympe, Zeus en personne. Quant à sa mère, elle s'appelait Ploutô et elle était elle-même la fille de Cronos, le roi des premiers dieux, ceux qu'on appelait les Titans. Comme tu vois, Tantale avait de qui tenir. S'il n'était pas lui-même un dieu, il était issu d'une lignée divine au moins par son père et par son grand-père. Marié avec la ravissante Dioné, une des filles du Titan Atlas, il était souvent invité sur l'Olympe, à la table des dieux les plus importants. Lui-même était roi d'une région de la Grèce qui s'appelait la Phrygie, et on le disait extraordinairement riche et puissant. On raconte que Zeus appréciait Tantale, au point qu'il en avait fait une espèce de confident, une sorte de conseiller avec lequel il prenait plaisir à converser, à tester ses idées, à discuter de ses projets.

Flatté de se trouver dans le secret des dieux, Tantale, qui ne brillait pas par l'humilité, avait fini par s'en croire l'égal. En fait, il était lui aussi, comme Dédale, dévoré par la jalousie. Vexé de ne pas être lui-même considéré comme divin malgré sa richesse et sa puissance, il s'était mis à détester la prétendue supériorité des dieux de l'Olympe. Afin de leur démontrer qu'ils n'étaient pas meilleurs que lui, et qu'ils ne savaient pas tout, qu'ils n'étaient pas omniscients, Tantale avait eu l'arrogance, non seulement d'inviter les dieux à sa table, ce qui était déjà le signe d'une grande vanité, mais en plus de leur servir de la chair humaine en guise de plat principal pour tester leur prétendu savoir ! À cette fin, il avait tué son propre fils, Pélops, avant de le faire rôtir et de le servir à manger aux dieux !

Déméter, la déesse des saisons et des moissons, était à cette époque très préoccupée par le sort de sa fille, Perséphone, que le dieu des Enfers, Hadès, avait enlevée. Elle aurait ainsi par inadvertance grignoté un morceau d'épaule du malheureux Pélops. Quoi qu'il en soit, les autres dieux, bien entendu, furent horrifiés par

le crime affreux commis par Tantale contre son propre fils. Car les dieux sont bel et bien omniscients, ils savent tout, et en l'occurrence, ils comprirent aussitôt ce qu'avait fait Tantale.

Ils décidèrent alors de le punir pour cet épouvantable orgueil qui l'avait conduit à commettre un crime aussi affreux. Ils inventèrent donc un châtiment qui soit en rapport avec le meurtre commis par Tantale. Ils le condamnèrent à être jeté dans les Enfers pour y souffrir éternellement de la faim et de la soif. Tantale avait péché par la nourriture, il serait puni par la nourriture ! On l'attacha à un rocher et devant lui, on plaça des plats succulents et des boissons délicieuses que le criminel ne pouvait jamais attraper de sorte que son supplice était particulièrement cruel.

Encore aujourd'hui, quand quelqu'un désire violemment une chose qu'il ne peut pas obtenir, on dit qu'il subit le « supplice de Tantale ».

Tu noteras au passage, que dans tous les mythes grecs, les châtiments infligés par Zeus à ceux qui ont commis un crime ont toujours un rapport « symbolique » avec la faute commise : non seulement Tantale, qui a péché par la nourriture, est puni par la nourriture, mais il a en outre péché par un grand manque d'humilité en se prétendant sottement l'égal des Olympiens, en sous-estimant leurs pouvoirs : ne sachant plus qui il était, il s'est pris pour plus qu'il n'était. Voilà pourquoi les dieux disposèrent en plus un énorme rocher au-dessus de sa tête, un rocher qui se balançait de manière inquiétante, toujours prêt à s'écraser sur Tantale afin de lui rappeler que, malgré des origines divines, il n'était finalement rien de plus qu'un simple mortel…

C'est cela également que les dieux vont rappeler à un certain Sisyphe, un homme pourtant fort intelligent, astucieux et rusé, mais qui va lui aussi être sérieusement puni pour avoir voulu les tromper…

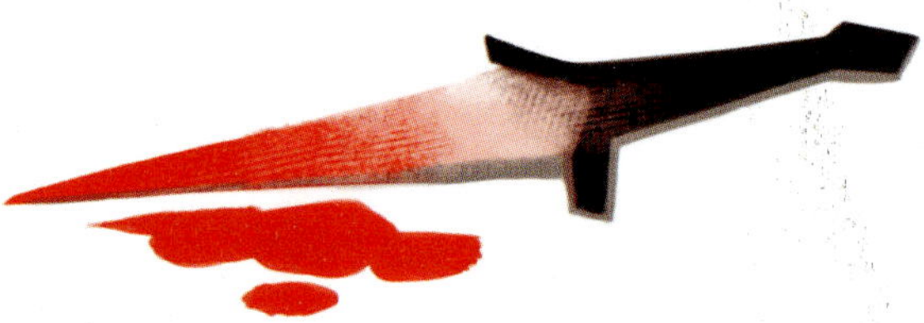

Episode 3

LES DEUX RUSES DE SISYPHE

ON A SOUVENT COMMENTÉ LE CHÂTIMENT DE SISYPHE, sa terrible punition : Sisyphe est en effet cet homme qui est condamné par Zeus à rouler dans les Enfers une énorme pierre ronde jusqu'en haut d'une colline d'où, chaque fois, la pierre redégringole, de sorte qu'il lui faut tout recommencer, indéfiniment, sans que jamais cette tâche pénible ne puisse prendre fin. En revanche, on connaît en général moins bien ce qui a motivé cette condamnation. Un grand écrivain français, Albert Camus, a consacré un livre à ce mythe qui symbolise à ses yeux l'absurdité de l'existence humaine. Tu vas voir que, dans la mythologie grecque, cette légende est ici encore en rapport avec le manque d'humilité de certains humains.

Sisyphe est un homme fort astucieux, un peu comme Dédale ou comme Ulysse, qu'on appelait « l'homme aux mille ruses ». Toute l'histoire commence lorsque Sisyphe joue un bien mauvais tour à Zeus.

> Certains prétendent que Sisyphe est le véritable père d'Ulysse : le jour du mariage des parents d'Ulysse, on dit que Sisyphe aurait réussi par une de ces ruses dont il est coutumier, à prendre la place du mari dans le lit nuptial, le produit de ces amours clandestines étant Ulysse. On ne prête qu'aux riches : vraie ou fausse, l'anecdote te situe assez bien le personnage, qui n'est pas très recommandable sur le plan moral et prêt à toutes les astuces pour se tirer d'affaire et jouer un mauvais tour à son prochain. Même quand il s'agit de Zeus.

Zeus, comme cela lui arrive souvent, vient d'enlever une ravissante jeune fille. Elle s'appelle Égine et elle est la fille d'un dieu qui a pris la forme d'un fleuve, le fleuve Asopos. Ce dieu/fleuve, partagé entre l'inquiétude et la colère, cherche désespérément sa fille chérie. Il ignore que c'est Zeus qui a fait le coup. Il faut que tu saches encore, pour bien comprendre cette histoire, que Sisyphe est le fondateur de Corinthe. Et pour sa cité, il a besoin d'eau,

comme tous les « maires » de toutes les époques. Il propose alors un marché au dieu/fleuve Asopos et il lui dit ceci :

« Si tu fais jaillir une source d'eau claire pour ma cité, je te dirai qui a enlevé ta fille. »

Accord conclu, et c'est ainsi que Sisyphe commet l'imprudence folle de dénoncer Zeus… lequel, tu t'en doutes, n'apprécie pas beaucoup ce qu'il considère comme une trahison de la part de Sisyphe.

Pour commencer, Zeus fait rentrer le fleuve Asopos dans son lit par la force, en utilisant son arme favorite, la foudre. Il foudroie littéralement le fleuve dont l'eau se met à bouillir. On prétend même que, depuis lors, le fleuve, dont les rives ont été calcinées, charrie encore de gros morceaux de charbon noir… Mais Zeus ne se laisse pas impressionner par la fureur du père, et il emporte la fille sur une île déserte où il s'unit avec elle.

> Des amours de Zeus et Égine naît un petit garçon, Éaque, et comme l'enfant s'ennuie tout seul, puisque l'île est déserte, Zeus transforme les nombreuses fourmis de l'île en habitants afin de lui faire de la compagnie.

Mais Zeus n'en reste pas là. Il va maintenant s'occuper de Sisyphe pour le châtier comme il convient.

Sisyphe se trouve justement, bien tranquille, dans son magnifique palais, au cœur de sa ville de Corinthe. Il est là, tout content, à contempler l'eau qu'Asopos lui a fournie. Alors Zeus lui envoie la Mort en personne, cette divinité qu'on appelle Thanatos, pour le conduire aux Enfers. Mais, comme je te l'ai dit, Sisyphe a plus d'un tour dans son sac. Il voit Thanatos venir de loin, il l'attend au tournant. Sisyphe se jette sur lui avant de le ligoter avec des cordes bien solides et le cache dans un placard qu'il ferme à double tour, au fin fond de son immense palais.

Le problème, c'est que le monde commence à se détraquer, car une fois Thanatos emprisonné, plus personne ne meurt ! Hadès, le plus riche de tous les dieux, cesse de s'enrichir : les mortels ne viennent plus chez lui et si Zeus n'y met pas bon ordre, il va y avoir un bel encombrement sur la planète qui deviendra invivable ! C'est Arès, le dieu de la guerre, qui s'empare du problème. Tu devines aisément pourquoi : si plus personne ne meurt, à quoi bon faire la guerre ? Arès se met donc à chercher Thanatos, il finit par le retrouver au fond de son placard, il le libère et il lui livre le malheureux Sisyphe qui est bien forcé de descendre aux Enfers... On pourrait croire que c'en est fini pour lui, mais pas du tout : encore une fois, il a plus d'un tour dans son sac.

Avant de mourir, de quitter son palais pour descendre dans le royaume d'Hadès, Sisyphe a pris soin de faire une bien étrange recommandation à sa femme :

> *« Surtout,* lui recommande-t-il, *sois gentille, ne me rends en aucun cas les honneurs funèbres, ne fais surtout aucune cérémonie pour moi, comme toute bonne épouse doit pourtant le faire le jour de la mort de son mari... Ne me demande pas pourquoi, je t'expliquerai plus tard. »*

Et Mérope, sa charmante femme, fait comme son mari lui a dit : elle ne veille pas son défunt époux, elle ne chante pas ses louanges, elle ne fait pas de sacrifice, bref, elle n'accomplit aucun des rites funéraires dont elle aurait dû normalement s'acquitter. De sorte qu'arrivé dans les profondeurs des Enfers, Sisyphe se précipite chez Hadès pour se plaindre amèrement d'avoir une si mauvaise compagne.

Choqué par un tel manque de manière, Hadès qui s'est laissé avoir par la ruse de Sisyphe, lui permet de rentrer chez lui pour châtier comme il convient l'indigne épouse, à condition bien entendu qu'il lui promette de revenir dès que possible. Comme tu t'en doutes, Sisyphe retourne chez lui... mais se garde bien de tenir sa promesse et de rentrer aux Enfers. Au contraire, il remercie chaleureusement sa femme, ils ont ensemble de nombreux enfants, et il finit tout simplement, très âgé, par mourir de vieillesse.

C'est alors et alors seulement, qu'il est bien obligé de réintégrer le sous-sol de la terre où Hadès l'attend de pied ferme. Pour le punir de l'avoir trompé, Hadès l'oblige à rouler sa fameuse pierre ronde et lourde, supplice qu'il lui impose pour l'éternité afin d'être bien certain de ne pas se faire avoir une seconde fois.

> Quant à la signification de ce supplice, comme toujours, il est en rapport direct avec la faute commise : la vie, pour l'espèce des mortels, se caractérise par la succession des générations. Les parents ont des enfants et les enfants deviendront à leur tour des parents, qui auront des enfants, etc. Ce n'est pas un itinéraire infini, la vie a un début et une fin. Or Sisyphe a tenté de défier les dieux par *hubris*, par manque d'humilité et d'obéissance, en essayant de repousser par ruse les limites de sa vie prévues par les dieux. Il va donc apprendre qu'une fois arrivé à son terme, le processus doit recommencer à zéro !

Je vais maintenant te raconter une histoire assez proche de celle de Sisyphe : celle d'Asclépios, un personnage que les Romains appellent aussi Esculape et qu'on considère comme l'inventeur de la médecine. Lui aussi va tenter de défier la mort, de braver la loi des dieux, et lui aussi va en être puni par Zeus.

Épisode 4

ASCLÉPIOS (ESCULAPE), LE MÉDECIN QUI RENDAIT LA VIE AUX MORTS

LA VIE DU PETIT ASCLÉPIOS commence de façon singulièrement violente. Il est l'un des fils d'Apollon, qui n'est pas seulement le dieu de la beauté et de la musique, mais aussi celui de la médecine. Apollon est tombé amoureux, comme cela arrive si souvent aux dieux, d'une ravissante mortelle, une jeune fille prénommée Coronis.

> Tu noteras au passage que les dieux aiment particulièrement les mortelles. Non qu'elles soient plus belles que les déesses. C'est même tout l'inverse : la beauté de ces dernières est infiniment supérieure à celle des humains, quels qu'ils soient. Mais les dieux sont sensibles aux imperfections des mortels, justement parce que leur beauté est imparfaite, éphémère. Paradoxalement, c'est ce qui leur donne un charme fou, quelque chose de précieux, d'infiniment touchant, une fragilité qu'on ne rencontre jamais chez les immortelles et qui rend les dieux amoureux.

Quoi qu'il en soit, Apollon est tombé fou amoureux de Coronis. L'a-t-il séduite ou forcée, on ne sait pas trop. Toujours est-il que rien ne résiste aux dieux et qu'il parvient à partager le lit de la belle. De leur union naît le petit Asclépios. Mais les choses vont bientôt se gâter. Coronis n'est pas, elle, amoureuse d'Apollon. Elle lui préfère, audace suprême, un simple mortel, un certain Ischys (à prononcer « Iskusse ») dont elle devient la femme. Ce mariage est, comme tu t'en doutes, ressenti par Apollon comme une insulte : comment celle qu'il aime ose-t-elle lui préférer un vulgaire humain ? D'autant qu'Apollon passe pour être le plus beau de tous les Olympiens...

Comment Apollon a-t-il appris qu'il était trompé comme le premier venu, que Coronis lui avait préféré un vulgaire humain mortel ? Ici, les histoires varient. Selon certains, c'est grâce à son art bien connu de la divination qu'il découvre le pot aux roses. Mais selon d'autres, Apollon a envoyé un corbeau, ou, plus exactement, une corneille

(en grec, la corneille s'appelle Coroné, nom qui ressemble fort à celui de Coronis...) pour surveiller la belle Coronis. L'oiseau vient rapporter à son maître ce qu'il a vu : Ischys et Coronis s'embrassant avec fougue. Rongé par la jalousie, Apollon commence par punir le messager en le rendant tout noir.

> Selon ce mythe, les corbeaux et les corneilles étaient blancs comme des colombes avant cet épisode fâcheux... De cette légende découle l'image des « oiseaux de mauvais augure » mal accueillis, que l'on tient même parfois pour responsables de la mauvaise nouvelle qu'ils ne font qu'apporter.

Je te conseille d'ailleurs de méditer cette leçon qui vaut encore aujourd'hui : cela peut paraître injuste, mais c'est souvent à celui qui apporte une mauvaise nouvelle qu'on en veut, même s'il n'y est pour rien. D'abord, parce qu'on ne peut pas s'empêcher de le soupçonner d'être en secret plus ou moins content du mal qui vous frappe. Et puis, après tout, sans cet oiseau de malheur, Apollon aurait pu continuer à être heureux, ou du moins tranquille, car on ne souffre jamais, surtout en matière d'amour, que de ce que l'on sait et ce que l'on ignore ne fait guère de mal... Garde-toi bien d'être le premier ou la première à colporter les mauvaises nouvelles. C'est là quelque chose que souvent, on ne vous pardonne pas...

Quoi qu'il en soit, Apollon ne se satisfait évidemment pas de punir la malheureuse corneille, qui n'y était pour rien. Il prend son arc et ses flèches – et tu sais que, de tous les dieux, c'est lui et sa sœur jumelle, Artémis, la déesse de la chasse, qui sont les plus habiles tireurs à l'arc –, et il se rend chez Ischys et Coronis. Il décoche ses flèches et transperce les deux amants qui meurent, punis par le manque d'humilité de Coronis. Mais tout d'un coup, sa colère un peu apaisée, Apollon se souvient que Coronis était enceinte de lui et

portait son bébé. Selon le rite funéraire grec, on doit brûler le corps des défunts après les avoir veillés et leur avoir déposé des pièces d'argent sur les yeux ou dans la bouche pour payer le passeur des Enfers, l'affreux Charon.

Juste au moment où Coronis est déposée sur le bûcher, lorsque le feu commence à prendre et les flammes à lécher son corps, Apollon se réveille. Vite, il arrache le bébé du ventre de Coronis — selon certains c'est Hermès qui se serait chargé de cette tâche ingrate — et il le confie au plus grand éducateur de tous les temps : le centaure Chiron, un fils de Cronos, un cousin germain de Zeus, sage entre les sages qui a déjà élevé des gens aussi fameux qu'Achille, le grand héros grec de la guerre de Troie, ou Jason, qui mène l'expédition des Argonautes en quête de la toison d'or. Une référence incomparable en matière d'éducation.

On prétend même que c'est Chiron qui a enseigné la médecine à Apollon. En tout cas, c'est lui qui l'apprendra au fils d'Apollon, le petit Asclépios, qui va devenir le père de la médecine et, si l'on en croit la légende, le plus grand médecin de tous les temps. Tu noteras qu'Asclépios a été sauvé de la mort de justesse, *in extremis*. D'entrée de jeu, son existence est placée sous le signe d'une victoire quasi miraculeuse de la vie sur la mort et c'est sans doute cela qui va expliquer sa vocation pour la médecine. Non seulement il devient un chirurgien hors pair, mais, à l'image d'un dieu, il va devenir un véritable sauveur.

On dit en effet qu'il a reçu de la déesse Athéna un cadeau qui va lui permettre de réaliser le rêve secret de tout médecin : le don de sauver les humains de la mort, voire de ressusciter les morts.

> Athéna est la déesse qui a aidé un grand héros grec, Persée, à combattre Méduse, l'affreuse et terrifiante Gorgone qui peut, en une fraction de seconde, pétrifier – au sens propre : transformer en pierre – tous ceux dont le regard croise celui de ses yeux magiques. Persée vient de trancher la tête de Méduse et de son cou s'échappe, au moment où elle rend son dernier soupir, Pégase, le cheval ailé, tandis que deux liquides merveilleux s'écoulent de ses veines ouvertes. De la veine gauche sort un poison violent, qui

> fait mourir en quelques secondes tout humain qui en absorbe ne serait-ce qu'une petite goutte ; mais de la veine droite, au contraire, coule un remède miraculeux qui possède tout simplement la faculté de ressusciter les morts.

Muni de ce précieux breuvage offert par Athéna, Asclépios se met à guérir les vivants, mais aussi à ressusciter les morts à tour de bras. Et c'est là que commence sa folle démesure, car il risque de dérégler ainsi tout l'ordre du monde ! Au point qu'Hadès, le maître des Enfers qui règne sur le royaume des Morts, se plaint à Zeus de voir le nombre de ses habitants diminuer de façon préoccupante. Zeus commence à s'inquiéter à l'idée que les hommes puissent devenir l'égal des dieux : quelle différence entre eux, en effet, si les premiers se dotent des moyens de devenir immortels comme les seconds ? Si on les laisse vivre éternellement, c'est l'ordre cosmique tout entier, à commencer par la distinction fondamentale entre mortels et immortels, qui se trouvera bouleversé dans son principe même. Ici encore, tu vois combien Asclépios manque d'humilité puisqu'il se prend pour un dieu capable de décider de la vie et de la mort des humains ! Et puis un jour ou l'autre, il finira par y avoir bien trop de monde sur terre.

Préoccupé par cette perspective, Zeus recourt, comme à son habitude, aux grands moyens. Il sonne l'heure du retour à l'ordre : il foudroie tout simplement Asclépios. Comme toujours, il intervient pour garantir la survie de l'univers, du cosmos, car c'est bien évidemment de cela qu'il s'agit avant tout dans ce mythe. Essaie un peu d'imaginer ce que deviendrait la vie sur terre si plus personne ne mourait. Bientôt, il n'y aurait plus assez de place pour loger et nourrir tout le monde. En outre, ce sont toutes les relations familiales qui seraient bouleversées : les enfants seraient à égalité avec les parents et tout serait finalement sens dessus dessous...

Apollon, qui aimait tendrement son fils, comme en témoigne le soin qu'il a pris de son éducation en le confiant à Chiron, est tout à la fois fou de tristesse et de colère quand il apprend la réaction de Zeus. Pour se venger, il tue les Cyclopes, des proches de Zeus qui lui avaient donné ses armes, la foudre, l'éclair et le tonnerre. Ce sont ces

Cyclopes qui avaient aidé Zeus à gagner la guerre contre les Titans afin de protéger l'univers tout entier de leur folie guerrière. Certains prétendent que ce ne sont pas les Cyclopes qu'Apollon met à mort, puisqu'ils sont immortels, mais leurs enfants...

Quoi qu'il en soit, Zeus apprécie peu cette révolte d'Apollon. Il décide de le corriger lui aussi. Il projette même de l'enfermer dans le Tartare, c'est-à-dire dans les sous-sols les plus profonds de la terre, un endroit tout noir, plein de moisissure et inconfortable. Mais Léto, la mère des jumeaux divins, Apollon et Artémis, intervient. Elle supplie Zeus de se montrer clément, et Zeus transforme la punition d'Apollon en une année d'esclavage. Apollon, lui aussi, a péché par manque d'humilité, par arrogance et par orgueil en se révoltant contre le roi des dieux.

Il faut donc lui réapprendre l'humilité et le respect qu'on doit au souverain divin. Et pour cela, rien de mieux qu'une bonne année à faire le gardien de troupeau chez un simple humain, un dénommé Admète.

Pour autant, Zeus, qui se doit d'être juste, veut rendre hommage aux talents d'Asclépios. Après tout, ce dernier n'a cherché qu'à faire du bien aux humains. Il n'a pas commis de grande faute, du moins pas de manière intentionnelle. Zeus va donc l'immortaliser lui aussi en le transformant en une constellation qu'on appelle la constellation du « serpentaire » – ce qui veut dire à l'origine, « celui qui porte le serpent ». Note bien qu'en ce sens, Asclépios a quand même réussi à voir se réaliser pour lui-même ce qu'il lui sera désormais interdit d'apporter aux autres. Il connaît ce que les Grecs nomment une « apothéose » – terme qui, littéralement, veut dire une « divinisation », une transformation en dieu (*apo* = vers, et *theos* = dieu). Voilà pourquoi on le considère non pas seulement comme le fondateur de la médecine, mais bel et bien comme le dieu des médecins.

> Et aujourd'hui encore, on représente presque toujours Asclépios avec un serpent à la main et son sceptre, formé d'un serpent enroulé autour d'un bâton, que l'on appelle le « caducée », sert toujours de symbole à ceux qui exercent la médecine et la pharmacie. Tu te demanderas peut-être : pourquoi un serpent ? La réponse est toute simple : le serpent est un animal qui mue, c'est-à-dire qu'il perd sa peau une fois qu'elle a vieilli, et à la place, apparaît une peau toute neuve. Le serpent est donc une espèce de symbole de vie nouvelle, de seconde vie, donc en quelque façon de résurrection.

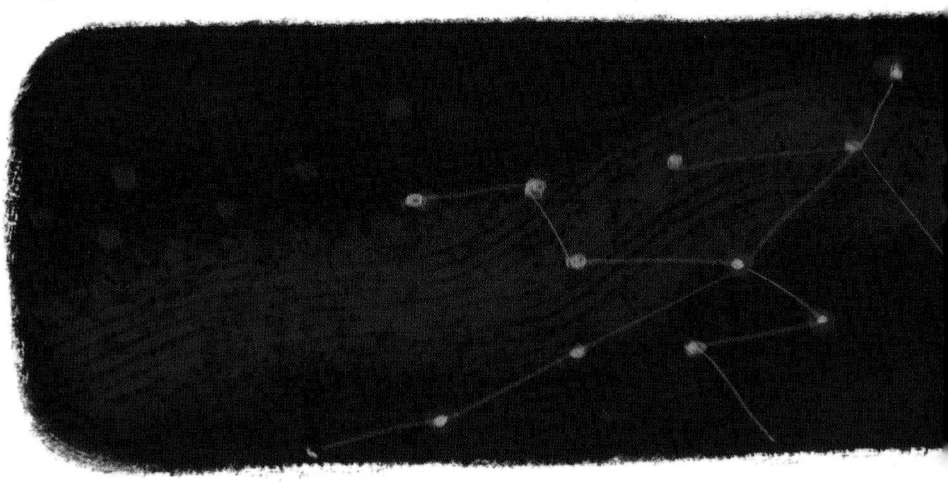

Dernière précision pour conclure cette histoire : le plus grand médecin grec, Hippocrate, se réclamera d'Asclépios et se dira son descendant direct, son disciple. Aujourd'hui encore, tous les médecins doivent, avant d'exercer, prêter un serment de bonne conduite qu'on nomme le « serment d'Hippocrate »... Malheureusement, ils ne sont plus capables de rendre la vie à ceux qui sont morts et que nous aimerions revoir. Car ils savent désormais qu'un humain ne doit pas se prendre pour un dieu, ni prétendre s'arroger le pouvoir de maîtriser la vie et la mort, menaçant ainsi l'ordre cosmique tout entier par manque d'humilité. Il faut qu'une puissance divine (ou humaine) intervienne pour le remettre à sa place.

Parfois, il suffit tout simplement de se moquer des dieux, de prétendre être meilleurs qu'eux, pour déclencher leur colère, comme tu vas voir que c'est ce qui va arriver à la malheureuse Niobé qui s'était vantée un peu vite d'être supérieure à Léto, la mère d'Artémis et Apollon...

Episode 5

NIOBÉ, L'ORGUEILLEUSE

NIOBÉ EST LA FILLE DE CE FAMEUX TANTALE dont je t'ai raconté les mésaventures. Elle est donc aussi la sœur de Pélops, le malheureux fils que son père avait fait cuire pour vérifier si les dieux étaient omniscients ou pas. Comme son père, et pour son malheur à elle aussi, elle a le cœur plein d'orgueil et d'arrogance. Par exemple, elle ne peut jamais s'empêcher de se vanter, de prétendre qu'elle est la femme la plus belle du monde, qu'elle est même plus belle que les déesses de l'Olympe ! Un jour qu'elle continue de se pavaner auprès de ses amies, elle va jusqu'à déclarer qu'elle est aussi la meilleure mère de tout l'univers, qu'elle est même une meilleure mère que la déesse Léto, mère des jumeaux divins, Apollon et Artémis. Apollon, comme je te l'ai dit, est le dieu de la beauté, de l'harmonie et de la médecine, quant à Artémis, que les Romains appellent aussi Diane, c'est la déesse de la chasse.

Et Niobé continue à pérorer, elle fait valoir partout où elle le peut, qu'elle est non seulement plus belle et meilleure mère que Léto, mais qu'en outre, elle a plus d'enfants que la déesse, puisqu'elle a six filles et six garçons, de sorte qu'elle mérite bien davantage les sacrifices des humains. Se laissant aller à ses délires d'orgueil et d'arrogance, elle finit par ordonner que ce soit désormais à elle, et non plus aux déesses de l'Olympe, qu'on fasse des sacrifices et qu'on rende ces honneurs ! C'est non seulement pécher par un manque d'humilité proprement délirant, mais c'est en plus très maladroit. C'est oublier qu'Apollon et Artémis sont des enfants fidèles à leur mère, mais aussi les deux meilleurs tireurs à l'arc de toute la création.

Léto commence à en avoir assez de cette Niobé qui passe son temps à la défier. Exaspérée par une telle arrogance, elle demande à ses deux enfants de régler définitivement la question. Apollon et Artémis n'y vont pas par quatre chemins : de leurs flèches acérées, ils transpercent les douze enfants de Niobé qui meurent sous ses yeux dans d'atroces souffrances. Zeus transformera Niobé en rocher, dont la légende dit que les larmes continuent de couler jour et nuit.

Comme tu vois, les dieux ne plaisantent pas quand il s'agit de punir le manque d'humilité des humains. Parfois, ils punissent même les petits enfants, quand ils prétendent, comme le jeune Phaéton, être aussi capables que les adultes…

Episode 6

ET CONTINUONS AVEC LA TRISTE HISTOIRE DU JEUNE PHAÉTON

L'HISTOIRE DU JEUNE PHAÉTON est tout aussi édifiante. Il est l'un des fils d'Hélios, le dieu Soleil, et de Clymène, l'une des filles du Titan Océan. Un jour qu'il s'en vante auprès de ses camarades de jeu – et là commence son arrogance : il vaut toujours mieux éviter de se vanter –, ces derniers se moquent de lui. Ils l'accusent de mentir par vanité, de pécher par orgueil, bref, ils ne le croient pas. Phaéton, fou de rage, se précipite chez sa mère. Il la supplie de le laisser voir son père, Hélios, car il a une faveur à lui demander. Clymène finit par céder. Le jeune Phaéton rencontre alors son père, le dieu du soleil en personne, et il lui demande de le laisser conduire une journée entière le fameux char dont la course, qui va d'est en ouest, du levant au couchant, éclaire l'univers tout entier durant la journée. Hélios est très embarrassé, car il sait combien la conduite de ce char du soleil est délicate.

Dans un premier temps, il refuse donc de céder à la demande de son fils qu'il trouve encore trop jeune pour une telle responsabilité. Il fait tout ce qu'il peut pour le dissuader de s'aventurer à conduire son char. Il est bien placé pour savoir combien son attelage est difficile à maîtriser, combien il est en outre dangereux pour l'univers tout entier : s'il passe trop près du sol, il risque d'incendier tout ce qui se trouve sur son chemin, mais s'il va trop haut, c'est l'inverse, la terre ne verra pas le jour, ni ne connaîtra la chaleur qui fait pousser les plantes et qui réchauffe les humains.

Mais Phaéton insiste tant et tant que son père finit par céder et, bien sûr, une catastrophe cosmique se profile à l'horizon. Le petit garçon est beaucoup trop léger pour maîtriser les chevaux qui tirent le char et qui, ne reconnaissant pas le poids de leur maître habituel, deviennent incontrôlables. Tantôt ils passent trop près des nuages qui s'évaporent et tantôt trop près du sol qui s'enflamme. Des villes entières disparaissent dans des incendies et des milliers d'êtres

humains et d'animaux périssent. Avant le milieu de la journée, c'est la planète tout entière qui commence à brûler !

Bref, comme toujours, le manque d'humilité menace l'ordre du monde, le cosmos. Gaïa, la déesse de la terre, s'en plaint aussitôt à Zeus, son petit-fils. Ce dernier, la mort dans l'âme, se résout, non sans avoir consulté les autres dieux, y compris Hélios, à foudroyer le jeune Phaéton. C'est alors, s'il faut en croire la tradition, qu'en signe de deuil, un jour s'écoula sans soleil, l'incendie allumé par l'orgueil démesuré du malheureux gamin éclairant seul le vaste monde…

Même les plus intelligents, comme tu vas le constater avec l'histoire de Bellérophon, peuvent finir par se laisser aller au péché d'orgueil, ce qui, malgré toutes leurs qualités, les conduit au désastre.

Episode 7

BELLÉROPHON, PÉGASE ET LA CHIMÈRE

PETIT-FILS DE SISYPHE, Bellérophon apparaît au départ comme un jeune homme doué de tous les talents. Sympathique, intelligent et courageux, il est aussi beau comme un dieu de sorte qu'il suscite l'admiration de tous. Il est vrai qu'il a de qui tenir. Mais justement, comme son grand-père, il va finir par sombrer dans l'arrogance et, lui aussi, il va payer cher son manque d'humilité.

Pour des raisons que je laisse ici de côté, Bellérophon s'était battu contre le tyran de Corinthe et au cours de cette bagarre, il l'avait tué. Le jeune héros va donc se réfugier chez un certain Proétos, le roi d'une autre belle cité, Tirynthe, chez qui il trouve asile. Les deux hommes s'entendent bien et ils deviennent rapidement amis. Malheureusement, la reine, la femme de Proétos, tombe amoureuse du beau Bellérophon. Elle essaie de le séduire, elle lui fait des avances, qu'il refuse par loyauté envers son nouvel ami. Mais la reine, vexée, court aussitôt se plaindre à son mari : elle affirme que le jeune homme a tenté d'abuser d'elle.

C'est un abominable mensonge, mais Proétos, au lieu de faire confiance à son ami, croit sa femme. Comme il ne peut pas se résoudre à tuer lui-même le jeune Bellérophon, il l'envoie chez son confrère, le roi de Lycie, un certain Iobatès. Il demande à Bellérophon d'avoir la gentillesse de porter pour lui une lettre à Iobatès. Dans cette lettre, comme tu l'as peut-être deviné, Proétos demande tout simplement à son collègue, le roi de Lycie, de tuer le jeune héros. Toutefois, Iobatès, voyant la bonne mine de Bellérophon, qui a l'air de tout sauf d'un voyou, ne parvient pas, lui non plus, à se résoudre à le faire périr.

Pour se débarrasser de ce fardeau, il préfère confier à Bellérophon une tâche impossible, une mission au cours de laquelle il est plus que probable qu'il perdra la vie : il lui demande d'aller tuer la Chimère, un monstre terrifiant, un animal fabuleux, mi-chèvre mi-lion, doté d'une queue de serpent particulièrement effrayante.

À l'image des êtres surnaturels qu'a dû affronter Héraclès au cours de ses travaux, Chimère est un enfant de Typhon et d'Échidna, la femme vipère. Pour avoir quelque chance de succès face à elle, Bellérophon entreprend de dompter le cheval volant, Pégase, un être lui aussi fabuleux qui, selon certains, aurait jailli du cou de la Gorgone Méduse au moment même où Persée l'avait tranché – Pégase étant donc un fils de la Gorgone et de Poséidon (où tu vois au passage combien ces mythes se renvoient sans cesse les uns aux autres).

Or il se trouve qu'Athéna, la fille préférée de Zeus, qui est la déesse de l'intelligence et de la guerre, la divinité la plus puissante de l'Olympe après Zeus, aime bien Bellérophon. Elle décide alors de lui venir en aide de sorte qu'avec Athéna à ses côtés, il parvient contre toute attente à terrasser la Chimère. Bellérophon s'étant acquitté de cette tâche réputée impossible, Iobatès lui en confie une série d'autres, tout aussi dangereuses, des épreuves terribles au cours desquelles il espère bien que le jeune homme finira par se faire tuer.

Il doit livrer des batailles contre divers peuples rebelles, contre des pirates, mais aussi contre les Amazones que Bellérophon parvient à massacrer. Toujours aidé par Athéna, il s'en sort à chaque fois. Bref, il remporte tant de succès que Iobatès, émerveillé, finit par lui montrer le contenu de la lettre de Proétos. Bellérophon lui révèle la vérité. Il lui explique qu'il n'a jamais agressé la femme de son ami Proétos, que tout cela n'est que mensonge, que c'est elle qui a inventé toute cette histoire. Convaincu de sa bonne foi, Iobatès lui pardonne avant de lui donner sa fille Philonoé en mariage, et lui promet même de lui laisser son trône le jour de sa mort !

Jusque-là, donc, tout va bien pour Bellérophon et tu dois te demander en quoi, finalement, ce jeune héros a commis quelque chose de mal, en quoi il a péché par manque d'humilité. En réalité, Bellérophon n'a obtenu ses victoires que grâce à l'aide des dieux, en particulier grâce au don que ces derniers lui ont fait de Pégase et grâce à l'aide initiale d'Athéna. Mais tout fier de ses succès, il finit par s'imaginer qu'il est finalement lui aussi divin. Comme Tantale,

il finit par se prendre pour ce qu'il n'est pas, pour plus qu'il n'est, par sombrer dans l'arrogance et pécher par ingratitude à l'égard des Immortels.

Il prétend à qui veut l'entendre qu'il ne doit ses réussites qu'à lui seul au lieu de rendre hommage avec humilité aux dieux qui l'ont aidé. Comme Tantale encore, il se prend à vouloir monter jusque sur l'Olympe afin de siéger là où il pense que se trouve désormais sa place, aux côtés des dieux, à leur table, dans leurs conseils. Il entend bien devenir ainsi, pourquoi pas, un Immortel comme les autres ! Zeus commence à en avoir assez. Il envoie alors un insecte venimeux piquer Pégase au moment où Bellérophon chevauche sa monture. Le cheval se cabre et Bellérophon fait une chute mortelle qui met un point final à son orgueil démesuré...

Épisode 8

LA FOLLE ARROGANCE D'IXION QUI VOULAIT DEVENIR L'AMANT D'HÉRA

IXION EST L'AUTEUR DE DEUX CRIMES ABOMINABLES. Si l'on en croit les légendes les plus anciennes, il aurait d'abord tué son beau-père de manière particulièrement atroce, puis, pire encore s'il est possible, il aurait prétendu à qui voulait l'entendre qu'il était l'amant d'Héra, la femme de Zeus en personne ! Bref, lui aussi se vantait de manière délirante. On raconte qu'au moment de son mariage avec Dia, Ixion avait promis de donner à son beau-père, un certain Eioneus, de nombreux et magnifiques cadeaux.

Mais lorsque Eioneus vint les chercher, Ixion, au lieu de lui offrir les présents promis, lui tendit un piège d'une cruauté abominable. En effet, il demanda à ses serviteurs de creuser un grand trou dans le chemin de terre qui conduisait à la porte de son palais. Il fit ensuite remplir le trou de braises bien rouges et bien brûlantes, puis il disposa sur le trou une mince pellicule de branches, de feuillages et de poussière pour que le père de sa femme ne s'aperçoive de rien. En arrivant, le malheureux Eioneus tomba évidemment dans le piège et en guise de cadeau, il mourut brûlé vif.

Mais Ixion n'en resta pas là. Il eut l'outrecuidance de tomber amoureux d'Héra, la femme de Zeus. Zeus qui ne pouvait pas croire qu'un humain soit assez fou pour essayer de le tromper, fabriqua une fausse Héra, une espèce de nuage qui avait l'apparence d'Héra. Ixion se laissa duper et il se jeta sur le nuage en essayant de l'embrasser. Alors, Zeus, stupéfait d'une telle arrogance, fit fabriquer une roue à quatre rayons. Il fit attacher les deux bras et les deux jambes d'Ixion à ces quatre rayons et il le condamna à tourner sur sa roue dans les Enfers pour l'éternité. On dit que pour faire bonne mesure, Zeus va de temps à autre fouetter Ixion pendant que la roue tourne, répétant au supplicié ces paroles :

« Il faut honorer ses bienfaiteurs ! »

... et ne jamais pécher par manque d'humilité.

Bonus

LES MYTHES QUE JE VIENS DE TE RACONTER font tous un éloge vibrant de l'humilité. Nous n'avons cessé, tout au long de ces légendes, de croiser sur notre chemin ce que les Grecs appellent l'*hubris*, la démesure, l'orgueil, cette arrogance spécifiquement humaine qui menace en permanence l'ordre du monde instauré et garanti par Zeus après sa victoire sur les premiers dieux, sur les Titans. De Tantale, Dédale et Icare à Asclépios, de Sisyphe à Niobé, Ixion ou Bellérophon, les mythes grecs renvoient inlassablement à cette notion d'humilité au point qu'elle semble parfois tourner à l'obsession dans une mythologie dont elle fournit finalement le thème central.

Il faut que tu comprennes bien qu'aux yeux des Grecs déjà, les êtres humains sont la seule espèce vivante, parmi toutes les autres, qui soit capable de détruire le cosmos, d'abîmer de manière irréversible l'ordonnancement de l'univers. Les lions, les requins ou les ours se contentent d'être des prédateurs, peut-être féroces, sans doute terrifiants pour leurs proies et pour les hommes eux-mêmes, mais ils ne « débordent » pas, ils ne sont jamais vraiment en « excès » par rapport à la nature qui les environne comme par rapport à leur nature propre. Ils restent à l'équilibre avec leur milieu, de sorte qu'aucune espèce dans le règne animal ne risque si peu que ce soit de porter atteinte de manière significative à l'univers, à l'ordre cosmique.

L'homme, lui, en est tout à fait capable – et c'est du reste la raison pour laquelle Zeus, qui ne s'y trompe pas, punit avec une telle sévérité tous ceux qui, par manque d'humilité, ne veulent pas rester à leur place. À Delphes, il existe un temple, un des plus fameux monuments élevés à la gloire d'Apollon, sur le devant duquel étaient gravés dans la pierre des proverbes livrant des messages fondamentaux de la sagesse grecque. Deux d'entre eux, au moins, sont restés célèbres jusqu'à nos jours :

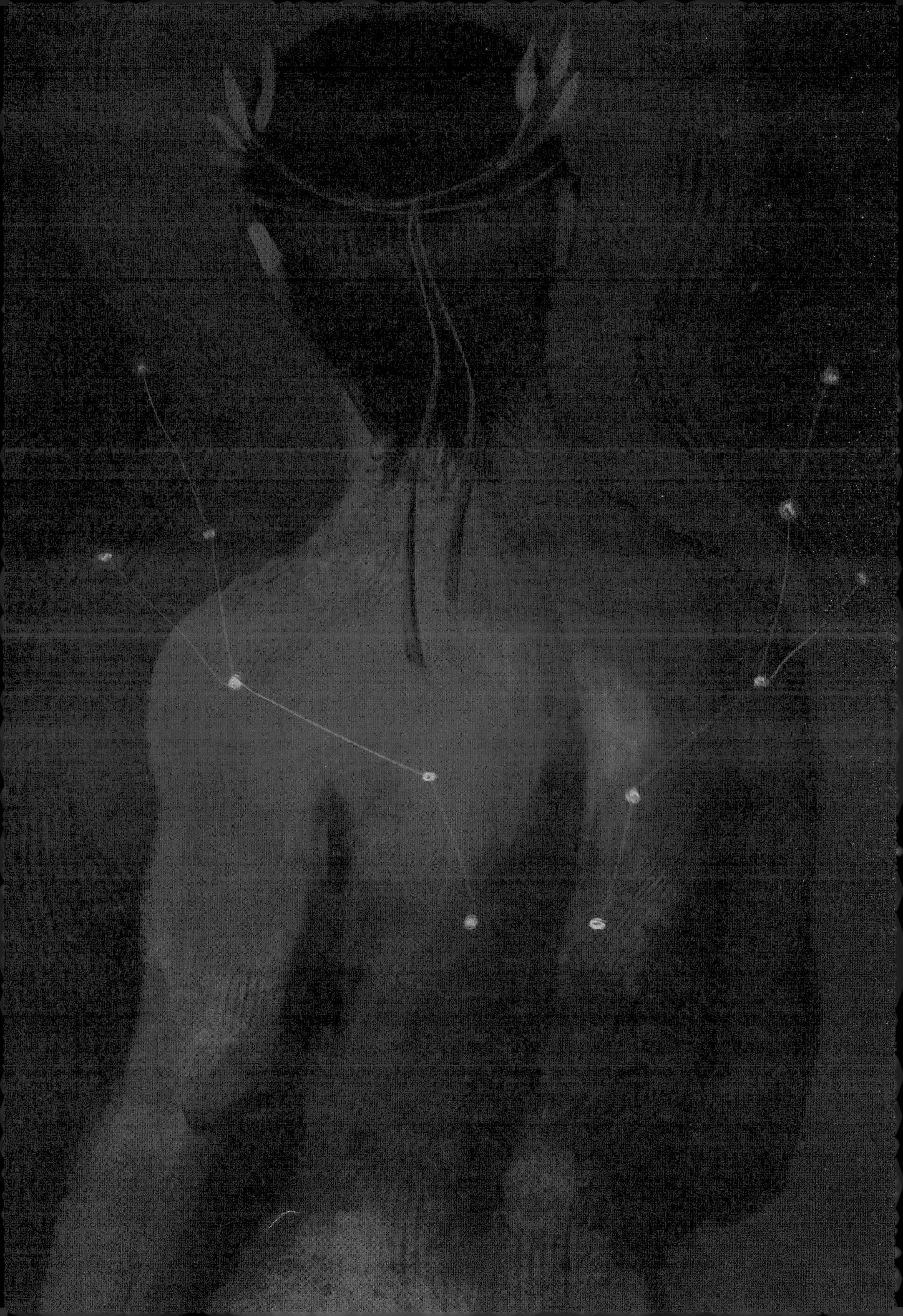

« Connais-toi toi-même ! » et *« Rien de trop ! »*

Le sens de ces messages s'est obscurci au fil des ans et, de nos jours, on se trompe souvent sur leur signification véritable.

À l'origine, dans la culture grecque, ces formules possédaient une signification évidente pour tout le monde, même pour les citoyens les plus modestes. Elles voulaient dire qu'il faut se connaître assez pour savoir rester à sa place, pour ne « pas se croire » comme on dit encore de nos jours pour parler de quelqu'un d'orgueilleux, d'arrogant, qui se prend pour ce qu'il n'est pas. D'ailleurs, une autre formule bien française correspond parfaitement à ces deux proverbes : on « remet quelqu'un à sa place », quand on lui donne une « bonne leçon », quand on lui « rabat le caquet ».

Il s'agit d'inviter les humains à trouver leur juste mesure dans le monde, afin de se garder de ce manque absolu de sagesse qu'est l'arrogance, la vanité qui conduit à cette démesure défiant les dieux et, à travers eux, l'ordre cosmique. Pour les mortels que nous sommes, le manque d'humilité conduit toujours à la catastrophe et c'est cette catastrophe que mettent en scène les mythes que je viens de te raconter.

Ils signifient que l'être humain est par excellence celui qui peut aller trop loin. Il peut être fou ou sage : il a le choix. Il est ouvert à une infinie diversité de modes de vie : rien ne dit au départ s'il doit être médecin ou ouvrier, charpentier, juriste, sportif, maçon ou philosophe, héros ou domestique. C'est à lui d'en décider – et c'est d'ailleurs ce type de choix qui fait souvent de l'enfance un moment crucial, mais difficile. Et c'est évidemment aussi cette liberté qui nous expose au risque de défier les dieux, voire de menacer le cosmos tout entier.

C'est d'ailleurs ce que reprochent encore aujourd'hui les écologistes à l'espèce humaine, bien longtemps après que les philosophes et les poètes grecs ont stigmatisé les méfaits de l'absence d'humilité : si l'humanité est la seule espèce qui puisse dévaster la terre, c'est aussi parce qu'elle est la seule à disposer de capacités d'invention et de révolte contre la nature susceptibles de bouleverser réellement l'univers. On imagine mal les lapins ou les huîtres dévaster la planète, encore moins inventer les moyens de la bouleverser !

Mais l'humanité, en revanche, du moins depuis que Prométhée lui a donné les sciences et les arts, est bel et bien en mesure, ou plutôt en démesure, de le faire. D'où la menace que le manque d'humilité fait peser en permanence sur l'ordre cosmique garanti par les dieux.

LE SUPPLICE DE TANTALE

VOICI, À TITRE D'EXEMPLE de la façon dont on racontait ces mythes grecs dans l'antiquité, en l'occurrence à Rome, une fable d'Hygin, un auteur romain, qui évoque la légende de Tantale :

> *Tantale, fils de Jupiter et de Ploutô eut, de Dioné, Pélops. Jupiter avait coutume de faire part à Tantale de ses desseins et de l'admettre au banquet des dieux, desseins que Tantale révéla aux hommes. Pour cela, aux Enfers, dit-on, il demeure plongé dans l'eau jusqu'à mi-corps, toujours assoiffé, et lorsqu'il veut puiser et s'en saisir, cette eau s'éloigne. De même, des fruits pendent au-dessus de sa tête, et lorsqu'il veut s'en saisir, poussées par le vent, les branches s'éloignent. De même, un énorme rocher est en suspens au-dessus de sa tête et il craint toujours qu'il tombe sur lui.*

THANATOS, LE DIEU DE LA MORT...

QUAND ON MEURT, selon la mythologie grecque, on se retrouve dans les Enfers, dans le royaume du dieu Hadès, un frère de Zeus et de Poséidon. C'est dans l'*Iliade*, le grand poème d'Homère, que la divinité de la Mort apparaît personnifiée sous les traits d'un certain Thanatos. Des sculptures anciennes le représentent avec un visage terrifiant, aux traits tirés, un voile sur la tête, tenant, comme le dieu du temps, Kronos, une faux à la main. Selon Homère, Thanatos serait le frère d'Hypnos, le Sommeil, ces frères jumeaux étant des fils d'une autre divinité, Nux, la Nuit. Thanatos séjourne dans le Tartare, non loin de la porte des Enfers. C'est un génie ailé qui se montre implacable envers le genre humain, toujours prêt à accomplir sa mission.

PHAÉTON ÉTAIT TROP LÉGER...

VOICI COMMENT OVIDE, un poète latin du premier siècle, a raconté l'histoire de Phaéton. Si l'on en croit son récit, Phaéton ne faisait pas le poids, au propre comme au figuré :

> *Phaéton s'empare du char de son père, mais il est bien léger avec ce corps encore tout jeune pour guide. Il s'y place debout, tout joyeux de toucher de ses mains les rênes qui lui sont confiées. Il remercie son père qui lui cède sa place à regret. Pendant ce temps, les rapides chevaux du Soleil qui s'appellent Pyrois, Éoiis, Éthon et Phlégon, remplissent les airs de leurs hennissements et de leur souffle enflammé et ils frappent de leurs pieds les barrières... Mais le char était trop léger : les chevaux du Soleil ne pouvaient le reconnaître, le joug n'ayant plus son poids ordinaire. Comme les navires aux flancs recourbés vacillent faute du lest nécessaire et sont le jouet des flots qui les emportent à cause de leur trop grande légèreté, ainsi le char, dépourvu de sa charge habituelle, bondit vers le ciel [...] Phaéton s'épouvante, il ne sait plus de quel côté tirer les rênes confiées à ses soins, il ne sait de quel côté est son chemin et même s'il le savait, il ne pourrait commander aux chevaux de course [...] Tantôt ils montent vers les sommets, tantôt par des descentes et des précipices, ils tombent dans des espaces voisins de la terre [...] Les nuages consumés s'évaporent, les flammes dévorent les lieux les plus élevés de la terre... les pâturages blanchissent, l'arbre brûle avec ses feuilles, la moisson déjà sèche fournit un aliment à son propre désastre [...] De grandes*

villes périssent avec leurs remparts, des territoires entiers avec leur population sont réduits en cendre par l'incendie, des forêts brûlent avec les montagnes [...] Alors Phaéton voit l'univers entier en flamme. Il ne peut supporter une chaleur si violente, il respire un air embrasé comme par une fournaise profonde, il sent son char s'échauffer jusqu'à blanchir [...] C'est alors, croit-on, que le sang des Éthiopiens, attiré à la surface de leur corps, a pris la couleur noire, et que la Libye, d'où l'incendie avait retiré toute humidité, est devenue si aride...

QUELQUES EXPRESSIONS ISSUES DE LA MYTHOLOGIE

I. ESSUYER UN TYPHON

CE QUI N'EST VRAIMENT PAS AGRÉABLE, tous les marins te le diront. Mais qui est ce fameux et désastreux « Typhon » ? D'où vient-il au juste ? Après la victoire remportée par Zeus contre les puissances de destruction et de chaos incarnées par la première génération des dieux, celle des Titans, on pourrait croire que tout est enfin calme. L'univers est redevenu paisible, le cosmos tout entier a été partagé par Zeus de manière équitable entre les autres dieux. L'univers est désormais garanti pour l'éternité dans son existence. La paix et l'harmonie vont régner, ce qui permettra un jour aux êtres humains de chercher tranquillement le sens de leur vie, qui consiste à tout faire pour se mettre eux-mêmes en harmonie avec l'harmonie cosmique instaurée par le roi des dieux.

Tout semble enfin pour le mieux. C'est malheureusement aller un peu vite en besogne. Car on ne vient pas à bout aussi facilement des forces du Chaos et ce pour une raison essentielle que la mythologie grecque a eu l'intelligence de comprendre avant que la philosophie ne s'empare du thème : en effet, si l'ordre était parfait, si le cosmos était à tous égards harmonieux et paisible, si l'équilibre de l'univers était établi pour l'éternité, alors, tout simplement, il ne se passerait plus rien, il n'y aurait plus d'histoire, plus de mouvement, bref, plus de vie car la vie finirait par ressembler à la mort. Voilà pourquoi, dans la mythologie grecque, dès qu'on s'approche d'un état de perfection dans la paix et l'harmonie, il faut aussitôt qu'un déséquilibre réapparaisse, il faut qu'il y ait un défaut, un grain de sable qui vienne relancer la machine, redonner du mouvement et de la vie à un ordre qui, sinon, deviendrait trop calme et trop paisible pour être vivant et donc vivable.

En l'occurrence, c'est d'un fameux « grain de sable » qu'il s'agit ! Il va s'avérer être un redoutable adversaire pour Zeus et sa volonté de mettre fin au Chaos initial : il s'agit de Typhon, que Gaïa a enfanté avec le terrible Tartare, ce dieu qui est aussi le lieu de l'Enfer. Typhon est colossal, plus puissant encore que les Titans, que les Cent-Bras et les Cyclopes, plus affreux aussi, plus chaotique si possible. De ses épaules jaillissent cent têtes de serpent dont les yeux crachent le feu, mais il y a pire, une particularité qui apparaît comme le symbole même du Chaos originel : ses multiples bouches produisent des sons incroyables, d'une diversité infinie, souvent difficiles à identifier tant ils varient en permanence, illustrant ainsi l'idée que Typhon est un être de chaos, situé à l'opposé absolu de l'identité harmonieuse qui doit régner au sein de l'ordre cosmique une fois la paix installée.

Ce monstre peut en effet imiter toutes les langues, émettre tous les sons possibles et imaginables, parler aux dieux de manière intelligible, mais tout aussi bien copier le mugissement du taureau, le rugissement du lion ou encore les jappements d'un chiot ou les miaulements d'un chaton !

Il faut bien comprendre l'enjeu du combat entre Zeus et ce Typhon, qui n'est qu'une résurgence des forces anticosmiques primitives, des puissances chaotiques originelles. S'il devait remporter la bataille contre Zeus et les Olympiens, s'il parvenait à s'emparer du pouvoir sur le monde, à devenir le maître des mortels comme des immortels, c'est le désordre absolu qui prendrait définitivement le dessus sur l'harmonie du cosmos. Le chaos triompherait sur l'harmonie, le désordre sur l'ordre, la guerre sur la paix, la violence sur la justice, la bêtise sur l'intelligence. Le principal effet de cette terrifiante victoire serait que les humains ne pourraient plus chercher, ni *a fortiori* trouver, la vie bonne puisqu'il n'y aurait plus d'harmonie avec laquelle s'accorder. Si le but de l'existence est de s'accorder avec l'harmonie du monde, alors, cette dernière ayant à jamais disparu, c'est toute quête de sagesse qui serait anéantie...

II. ÊTRE MÉDUSÉ

LES GORGONES ÉTAIENT TROIS : Sthéno, Euryale et Méduse. Monstres fabuleux, elles vivaient à proximité d'un pays situé au fin fond de l'occident, là où le soleil se couche et où tout devient sombre. Des trois Gorgones, Méduse était la seule qui soit mortelle. Elle possédait le pouvoir de transformer en statue de pierre tout humain osant la regarder dans les yeux. D'une épouvantable laideur, elle avait, comme ses sœurs, la tête hérissée de serpents. Après s'être accouplée à Poséidon, elle fut tuée par Persée qui lui trancha la tête d'un coup de serpe, utilisant le bouclier d'Athéna comme miroir afin de ne pas voir la monstrueuse et mortelle créature directement de face.

L'affrontement de Persée et de Méduse fut d'abord raconté par un poète, Hésiode, dans un poème qui s'intitule *Théogonie*. Parce que leurs tentacules rappellent les cheveux des Gorgones, certains animaux marins ont reçu le nom de méduses. Le verbe « méduser » apparaît dès le XVIIe siècle avec le sens imagé de « frapper de stupeur, pétrifier, stupéfier, fasciner. » Les gorgones, plantes marines d'une rigidité de pierre, évoquent la capacité de pétrification attribuée aux trois sœurs.

Ni le soleil ni la mort ne se peuvent regarder en face, dit une parole d'Héraclite, un des tout premiers philosophes grecs. C'est là, bien entendu, ce que symbolise Méduse, puisque nul ne peut la regarder en face sans être aussitôt transformé en pierre. Elle symbolise la mort, l'affreux destin qui nous attend tous et que les humains cherchent à fuir aussi longtemps que possible.

III. UN COMBAT DE TITANS, UNE FORCE TITANESQUE

EN FRANÇAIS, le nom propre « Titan(s) » est devenu au cours du XIXᵉ siècle un nom commun qui désigne simplement un géant colossal. C'est aussi au XIXᵉ siècle que l'adjectif « titanesque », qui signifie « gigantesque, démesuré », faisait son apparition dans les dictionnaires. Aujourd'hui encore, un métal particulièrement dur et résistant porte leur nom : on l'appelle le titane. D'où viennent ces dénominations ? Pour les comprendre, il faut revenir au poème d'Hésiode que je viens d'évoquer, un poème écrit au VIIᵉ siècle av. J.-C., la *Théogonie*. C'est un petit livre qui raconte la naissance des dieux et du monde. On y apprend que les Titans appartiennent à la génération des premiers dieux. Ce sont des êtres terrifiants, proches du chaos initial et, pour cette raison, voués à la guerre et à la discorde — en quoi ils vont apparaître comme des opposés absolus de l'harmonie cosmique que voudront installer Zeus et des Olympiens.

Il faut que tu saches que dans la mythologie grecque, au commencement du monde, la toute première divinité, celle qui précède toutes les autres et qui naît bien avant Zeus, s'appelle justement Chaos. Elle est par avance le contraire exact du cosmos harmonieux et paisible que voudra instaurer Zeus. Chaos n'est pas encore une divinité personnelle, ce n'est pas une personne. Il n'a pas de visage, pas de caractère, pas de conscience. C'est juste un abîme, un trou noir, une espèce de puits sans fond, un lieu où tout est indistinct. Si tu veux te faire une idée plus concrète de Chaos, pense à ces rêves, à ces cauchemars que nous faisons tous un jour ou l'autre, où l'on tombe sans fin, sans pouvoir jamais s'arrêter. Chaos c'est exactement cela. C'est un trou noir et si tu tombais dedans, rien ne pourrait plus jamais t'arrêter de tomber.

Fort heureusement, toujours selon le récit des commencements du monde que nous donne Hésiode dans son poème, une deuxième divinité apparaît – on ne sait pas trop comment, c'est une sorte de miracle. Elle s'appelle Gaïa, la terre. En tout cas, une fois qu'elle est là, ce qui est certain, c'est qu'elle est tout le contraire de Chaos. Gaïa, elle, ne vous laisse pas tomber ! Dans tous les sens du terme. C'est du solide. Si tu poses le pied sur elle, elle te soutient. C'est à la fois la terre, mais c'est aussi la mère sur laquelle on peut compter, sur laquelle on peut s'appuyer. Or c'est d'elle que vont sortir quasiment toutes les autres divinités, à commencer par la troisième : Ouranos, le ciel.

Gaïa engendre Ouranos, le ciel, à partir d'elle-même, avec ses propres forces. Elle le tire d'elle-même, sans avoir besoin pour cela ni d'un mari ni d'un amant. Mais une fois qu'Ouranos est né, il devient justement son amant. Ouranos, le ciel, est pour Gaïa comme une seconde peau. Il est en permanence couché sur elle. Il n'y a pas un centimètre carré de Gaïa qui ne soit pas recouvert par un centimètre carré d'Ouranos. À force d'être uni avec Gaïa, il engendre une série d'enfants. Il y a trois types de frères et sœurs différents, trois catégories.

D'abord, il y a les douze Titans – six hommes et six femmes. Ils possèdent une force inimaginable, ils sont immenses. Ils sont bien sûr, comme tous les dieux, immortels, donc totalement indestructibles. Ce sont des espèces de robots terrifiants, d'une beauté mais aussi d'une violence absolues. Ce sont des êtres de guerre, et ce pour une raison de fond : ce sont les premiers dieux personnels, et, en tant que premiers dieux, ils sont encore très proches du chaos originel, donc très proches de la violence et de la guerre.

Ensuite, il y a les trois Cyclopes, dont les noms sont parlants : ils s'appellent Foudre, Tonnerre et Éclair. Ils donneront leurs armes à Zeus quand celui-ci fera la guerre contre les Titans.

Enfin, la troisième catégorie des enfants d'Ouranos et de Gaïa est celle des « Hécatonchires », ce qui en grec veut dire les « Cent-Bras » parce que ce sont des monstres qui possèdent chacun cent bras immenses, gigantesques, d'une force incommensurable. Les « Cent-Bras » sont encore plus violents si possible que les Titans.

Tous ces dieux proches du chaos sont donc doués d'une force « titanesque ».

Les dieux olympiens